Lh 5
1402

SIDI-BRAHIM

23, 24 & 25 SEPTEMBRE 1845

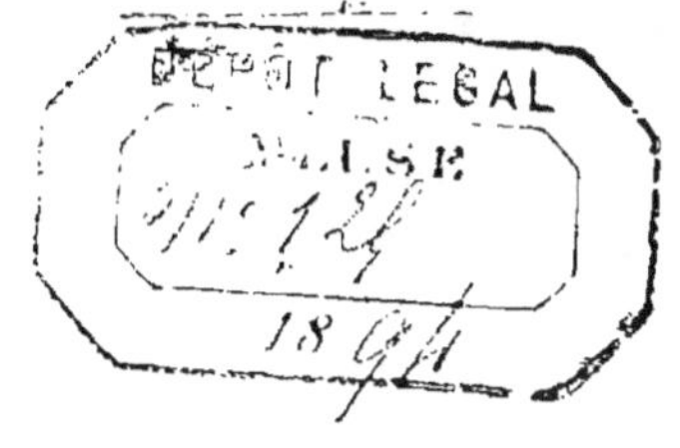

SIDI-BRAHIM

23, 24 & 25 SEPTEMBRE 1845

Allocution prononcée à Verdun, pour l'anniversaire de Sidi-Brahim, par M. l'Abbé HENRY, vicaire à la Cathédrale, Chanoine honoraire.

Messieurs,

C'était pendant la seconde partie du règne de Louis-Philippe. — Malgré les alarmes bientôt justifiées de M. Thiers, un calme relatif régnait encore, sous le ministère de Guizot, au gouvernement et dans le pays. — Un habile traité de commerce conclu avec la Chine venait de nous ouvrir l'Extrême-Orient, et la France bientôt remise de l'émotion causée par la mort du duc d'Orléans, dirigeait ses regards du côté de l'Afrique.

C'est là qu'étaient l'initiative des combats, la bravoure de l'attaque et de la défense, les espérances de l'avenir.....

Déjà le drapeau français flottait sur les murs d'Alger... — L'ancienne Hippone, la ville de Saint-Augustin, nous appartenait ; sur son fier rocher Constantine, l'antique résidence de Jugurtha secouée deux fois par des héros dont le courage n'avait d'égale que la difficulté de l'entreprise, venait d'être conquise au prix du meilleur sang de nos soldats.

Enfin la lutte, qui, depuis douze ans, dans un pays tourmenté, sous un climat brûlant parmi tous les obstacles, s'était engagée contre Ab-el-Kader, touchait à son terme.

Le puissant émir avait subi défaites sur défaites : Au Sahara, la smala qui le protégeait a été envahie par les chasseurs et les spahis, mise en désordre, faite prisonnière......: Au Maroc, où il a cherché protection, le maréchal Bugeaud l'a vaincu sur les bords de l'Isly.

Dans trois ans, il se rendra au général Lamoricière, et Toulon deviendra sa prison.

Mais dans cet intervalle de 1844 à 1847, le lion du désert un instant paralysé par les succès de nos généraux, se réveille soudain, Ab-el-Kader reparaît.

C'est toujours lui. Fier de sa nature, beau de visage, maître et séduisant par le regard, général, puissant génie, roi par l'intelligence, prophète par le fanatisme et sa piété de marabout, cet Arabe a rêvé de fonder sous son autorité politique et religieuse l'unité africaine. Ce musulman a décidé de refuser l'ombre de ses palmiers à la croix des chrétiens.

Et parce qu'il apprend que la tribu des

Soukhalias s'est ralliée à notre cause ; parce qu'il se sent encore dans les veines du sang ; au cœur, de l'ambition et de l'espérance ; parce que, pendant une année de répit, il a pu reformer une armée, il s'est levé aux frontières du Maroc, le voici ..

Au poste de Djemmaa, le colonel de Montagnac commande le 8e bataillon de chasseurs et un escadron du 2e hussards. C'était peu !..... Quand éclairé par ses larges desseins, M. Thiers avait demandé plus de ressources pour l'Algérie, il n'avait pas été compris. Il est vrai que ces soldats étaient de la même trempe de caractère que ceux à qui Changarnier adressait ces paroles : « Voyez les Arabes en face, ils sont 6 000, vous êtes 300 : cela fait la partie égale !.. » Du même courage que ces héros dont on disait au siège de Constantine : « Pour les faire mourir, il faut les tuer deux fois !... » — que ces guerriers entraînés par le maréchal Valée dans les portes de fer, défilés de granit que les Romains n'avaient pas osé franchir, et sur lesquels le duc d'Orléans a gravé notre gloire par cette simple inscription : « Armée française, 1839. »

Aussi de Montagnac ne trembla pas, il savait la valeur de ses hommes.

Il les divise en deux groupes — l'un restera à la garnison de Djemmaa, ceux qui le composaient s'estimèrent sacrifiés ; — l'autre, au nombre de 421 hommes, ira défendre la tribu alliée : c'étaient les favorisés, ceux qui les premiers devaient mourir.

Ici, Messieurs, je serais tenté de m'arrêter... Résumer une page d'histoire est chose facile ; mais dire l'obéissance. la discipline, la ténacité, le courage, l'audace, l'héroïsme, le désintéressement de cette poignée de braves qui sans hésitation ni défaillance, a affronté la mort avec la pensée que peut-être aucun d'entr'eux ne survivrait pour aller dire à la Patrie comment ils avaient versé leur sang, c'est un sujet qui dépasse l'éloquence humaine écrasée par celle des faits.

Si cependant, pour parler de cette défaite plus glorieuse qu'un triomphe, il suffit de partager votre admiration, votre enthousiasme, votre reconnaissance, votre amour pour les victimes qui l'ont subie, prêtre de France, je continue.

Il était dix heures du soir quand la colonne se mit en marche. Elle ne s'arrêta qu'au commencement de la nuit suivante pour prendre quelque repos. Hélas c'était le dernier sommeil avant celui de la mort.

Dans l'ombre, pendant cette veillée d'armes, des coups de feu révélateurs s'étaient fait entendre en plusieurs directions : l'ennemi faisait bonne garde ; au matin, le combat était imminent.

Sans hésiter, le colonel l'affronta.

Avec 60 hussards, il charge les soldats d'Ab-del-Kader. Une pluie de feu répond à son attaque ; la petite troupe, presque décimée en dix minutes, dut battre en retraite jusqu'au moment où les chasseurs arrivés au pas de course permettent de reprendre l'offensive. — Les Arabes reculèrent.

Mais engagés dans de perfides ravins, dominés par des collines où flottaient des milliers de burnous blancs, les soldats de la mort (comme les appelaient les Africains) furent écrasés par le nombre de leurs adversaires : ils étaient 250 contre 1,000... Comment lutter dans de telles conditions?.. Ils essayèrent cependant. Les échos des montagnes répétèrent quelque temps les salves régulières de nos soldats... puis le bruit alla s'affaiblissant... Enfin, on n'entendit plus rien... Le colonel, ses officiers, 250 braves étaient morts'..

Quand quelques instants après les deux compagnies restées à Djemmaa arrivèrent pour secourir leurs compagnons, il était trop tard!..

Du moins, ils pouvaient, ils devaient les venger — « Allons, mes amis, s'écrie l'adjudant Thomas, mourons sur le corps de nos officiers!.. »

Et deux compagnies tombèrent là sur ce terrain où la gloire ensevelissait la défaite. La première, où se trouvaient des enfants de 20 ans, s'étant formée en carrée, compacte, intrépide, vaincue dans son corps, invincible dans son âme, fut sacrifiée tout entière sous le feu de 10,000 Arabes. La seconde ayant envahi le marabout de Sidi-Brahim voulut encore organiser une défense. On perce des créneaux ; pour prolonger la résistance, on coupe des balles

en quatre, en six parties. Ils n'ont plus de
drapeaux, mais avec quelques vêtements
ils savent en improviser un, et, sous ces
signes aux couleurs de France, ils s'en-
couragent, se serrent les mains, s'em-
brassent, ils vont périr; mais à l'ennemi
leur trépas coûtera cher. Deux fois on leur
propose de se rendre. Un de leurs chefs
prisonnier du matin, chargé sous peine de
mort de ce honteux message, est immolé
sans pitié, parce qu'il leur a conseillé de
se laisser tuer plutôt que de capituler.

Vaines tentatives. Après une nuit d'hor-
ribles souffrances, réunissant ce qui leur
reste de forces et de courage, ils escaladent
les parapets, luttent encore pendant un
trajet de deux lieues, abattent sur leur
passage des centaines d'Arabes, privés de
munitions, recourent à la baïonnette, et
après avoir donné toute leur énergie, tout
leur amour, tout leur cœur, tout leur sang,
tombent pour la défense, pour l'honneur
du nom français. — Sur leurs tombeaux,
on aurait pu graver, comme aux Ther-
mopyles pour les Spartiates : « Passant,
va dire à la Patrie que nous sommes morts
pour la servir! » — on a trouvé plus
simple et tout aussi vrai d'écrire pour la
postérité : « c'étaient des Chasseurs! »

II

Voilà le fait historique dont vous célé-
brez, Messieurs, le glorieux anniversaire
sans vous lasser de rappeler chaque année
ce magnifique épisode de votre bataillon,

comme dans la famille on redit tous les ans le souvenir des joies passées, comme, toute proportion gardée, dans l'Eglise on répète périodiquement les actes divins et sauveurs du Christ Jésus.

Toutefois se contenter d'une admiration stérile devant un si haut fait d'armes serait s'exposer à ne pas en comprendre toute la portée. Nous le jugerons mieux en y découvrant trois grandeurs qu'il est intéressant et utile de vous signaler.

Une grandeur humaine d'abord. — Quand on étudie l'humanité dans ses lâchetés, dans ses imprudences, dans ses incapacités, dans ses fautes on se sent pris d'étonnement, de douleur, parfois d'indignation. Est-ce donc Dieu qui a fait l'homme si petit, si étroit, si impuissant, si vicieux même?... Ou plus tôt quelle catastrophe immense et profonde a blessé son âme pour en affaiblir toutes les facultés, son cœur pour en briser les ressorts, son corps pour en faire l'instrument de passions honteuses et dégradantes. Qui de vous, Messieurs, en constatant en soi-même ou chez les autres de si ruineuses pauvretés, de si misérables tendances, n'a pas ressenti quelque chose de cette mystérieuse tristesse dont souffrent les grandes âmes?...

Mais quand l'homme, ému par une cause noble et sainte, sacrifie pour elle sur l'autel de ses 20 ans, tranquillité, jeunesse, fortune, avenir, gloire et vie..., on se retrouve quelque fierté d'appartenir à la famille humaine ; on voudrait le rencontrer, le voir, le remercier d'avoir relevé notre dignité compromise ; sans oublier d'inévitables faiblesses, on honore en lui des grandeurs qui les font pardonner ; avec le poëte on penserait volontiers :

« L'homme est un Dieu tombé qui se souvient des cieux. »

Ou plutôt on se rappelle cette parole des Saints livres : « La lumière de votre beauté, ô mon Dieu, a signé sur notre visage quelque chose de sa splendeur. »

Or, c'est bien cette grandeur que nous pouvons admirer dans les héros de Sidi-Brahim. — Chez eux, pas d'étroits calculs, pas de lâcheté, pas de regrets, pas de murmures... c'est l'homme qui pense, qui veut, qui agit, qui meurt en laissant aux siens le souvenir de sa mâle et virile beauté. — Nous devions le recueillir, Messieurs, saluons-le.

Grandeur patriotique ensuite. En nous donnant la vie, Messieurs, le divin Créateur nous a inspiré le soin de la conserver ; c'est le bien qu'on estime et qu'on défend plus que tous les autres, nous aimons notre vie. — Pour la sacrifier, il faut donc qu'un amour supérieur s'empare de notre cœur. Or, il en est un qui après celui que nous devons à Dieu a sur nous cette puissance : C'est l'amour de la Patrie.

La Patrie, c'est à dire ce foyer où notre enfance s'est écoulée, où des parents aimés ont formé notre jeunesse au devoir et à l'honneur... c'est le tertre béni où reposent nos aïeux, le vaste horizon où dans l'air natal la même pensée convie tous les dévouements. . c'est ce trésor de gloires acquises, de libertés défendues, de précieux souvenirs, de chères espérances… c'est ce temple discret où devraient se garder comme un secret de famille et nos ambitions et nos fautes… c'est cette terre sanctifiée par un sacerdoce plusieurs fois héroïque jusqu'au martyre… c'est cette frontière tracée au prix du travail, du génie et du sang.

Mais pourquoi dire ce que nous aimons, nous le sentons trop vivement pour le dépeindre.

L'amour de la Patrie c'est le sentiment ardent qui tourmente mon âme en ce moment et voudrait pour se bien révéler des accents de feu. — C'est cette résolution cachée dans votre cœur, chefs distingués et vaillants soldats de notre belle armée, de tout quitter, de tout sacrifier, de mourir pour votre pays s'il le fallait. — C'est cette pensée généreuse que vous avez eue, Mesdames, femmes de France, quand en plaçant votre main dans la main d'un soldat, vous avez entrevu au travers d'idéales fiançailles la possibilité de donner un jour à la Patrie et votre époux et vos enfants.

Et c'est aussi cet amour qui les animait ces héros de Sidi-Brahim à l'heure du combat que nous avons retracé. — Que des esprits faux ou blasés ne voient dans la bravoure du soldat qu'une conséquence de la discipline, de la crainte, de l'entraînement, de la fureur, c'est profaner les choses sain-

tes, nous n'en croyons rien. — Non, les
chasseurs d'Afrique savaient en partant
qu'ils partaient pour l'honneur de leur pays
et en mourant qu'ils n'y retourneraient plus
... et ils sont morts ! ...

Aussi, je salue en eux la grandeur patriotique ; et si nous pouvons croire qu'ils
ont été fidèles à Dieu autant qu'à leur drapeau, volontiers, là-haut, je les prendrais
pour témoins de cette ardente prière : « Mon
Dieu, pour les grandes causes, à jamais,
Vive la France ! »

Elle vivra, Messieurs, car le principe de
la vie, c'est l'âme ; et l'âme de la France,
c'est l'Armée. — Or, notre Armée porte en
elle le secret d'une vie généreuse et commu-
nicative, non seulement à cause des vertus
viriles qu'on y pratique ou du patriotisme
qui y règne et engendre la discipline, l'unité
d'action, le besoin de sacrifice, mais parce
qu'elle est foncièrement chrétienne.

L'ambition peut paralyser les sentiments
religieux... la politique gêner la liberté et
l'affirmation de la foi, mais les ambitions
du soldat sont indépendantes et il n'a
qu'une politique : Servir son pays. Voilà
pourquoi chez lui les croyances restent plus
facilement intactes. — Que pendant la paix,
parfois elles subissent l'influence du respect
humain, des plaisanteries de la chambrée
ou de la corruption, il suffit que sonne le
signal du combat pour qu'elles reprennent
leur place, rendent leur clarté et raniment
les plus belles inspirations.

Or, parmi toutes ces croyances, celle qui

contient toutes les autres comme la cause contient l'effet, c'est la foi en l'immortalité.

Le soldat insouciant de la psychologie, peut ignorer que l'âme, principe simple, incapable de décomposition, échappe par sa nature à la mort, ne pas savoir que le consentement unanime des peuples, la sagesse, la justice, la bonté de Dieu, réclament notre survivance dans un monde meilleur.

Non, dans son bon sens il va droit au but, et s'arrêtant par la pensée au tombeau de J.-C. que dans son enfance il a connu et aimé, il croit au Dieu de la vérité qui a enseigné et fait la résurrection.

Aussi, je ne crains pas d'affirmer que, quand là-bas, à Sidi-Brahim, vos frères mouraient, mes amis, chaque battement de leur cœur, chaque résolution de leur volonté, chaque adieu à la patrie et à la famille, chaque goutte de sang les rapprochait du sentiment des martyrs, et qu'au moment suprême où en quelques secondes la pensée se porte sur tant d'objets et va droit à la lumière, ils ont cru... ils ont espéré en la résurrection des morts, et mourants se sont sentis, si leur conscience était pure, irrévocablement marqués pour le Ciel... Ce fut dans leur trépas la grandeur religieuse.

Messieurs, j'ai abusé de votre attention. Heureusement j'ai pour me défendre une excuse que vous ne pourrez pas refuser : la cause était trop belle !...

Monseigneur aurait dû, aurait voulu la plaider devant vous. Sa Grandeur m'en a confié l'honneur.

Permettez du moins que j'évoque sa pensée si paternelle et si française pour exprimer en finissant, le vœu, que dans la paix vous restiez fidèles aux trois grandeurs auxquelles nous venons de rendre hommage afin que quand la France traversera de nouveaux orages, elle trouve des hommes préparés dans l'austérité de la vertu, à tous les devoirs, à tous les héroïsmes et à toutes les victoires, celles de la terre que les hommes admirent, celles de la foi que Dieu couronne.

AMEN !

VERDUN. — IMPRIMERIE RENVÉ-LALLEMANT.